BIENFAITS

DE

L'ASSURANCE MUTUELLE

CONTRE L'INCENDIE

Par M. LE HIR,

Les assurances doivent être laissées à la liberté des contrats, ou des associations quand on veut faire des assurances mutuelles, ce qui est le genre de société le moins dangereux. *(Paroles de M. Dupin, [Président de l'Assemblée nationale, Procureur général à la Cour de cassation, séance de l'Assemblée nationale du 29 juillet 1851, Moniteur du 30.)*

PARIS,

Bureau du Journal de l'Assureur et de l'Assuré

BOULEVART DES ITALIENS, 27.

BIENFAITS

DE

L'ASSURANCE MUTUELLE

CONTRE L'INCENDIE

Par M. LE HIR.

Les assurances doivent être laissées à la liberté des contrats, ou des associations quand on veut faire des assurances mutuelles, ce qui est le genre de société le moins dangereux. (*Paroles de M. Dupin, Président de l'Assemblée nationale, Procureur général à la Cour de cassation*, séance de l'Assemblée nationale du 29 juillet 1851, *Moniteur* du 30.)

PARIS,

Au Bureau du Journal de l'Assureur et de l'Assuré

BOULEVARD DES ITALIENS, 27
1852

TABLE

—

Définition de l'assurance. — Son but. — Son objet.   3

Bienfaits de l'assurance. — Résultats qu'elle a produits. — Il faut s'assurer. — C'est un devoir.   6

Des divers modes d'assurance. — Assurance mutuelle. — Assurance à prime. — Bons effets produits par l'assurance mutuelle. — Abaissement de la prime. — Assurance contre l'incendie. — Assurance contre la grêle. — Assurance contre la mortalité des bestiaux.   12

Des diverses espèces d'assurances contre l'incendie. — Assurance immobilière. — Assurance mobilière. — Assurance des risques locatifs. — Assurance contre le recours de voisins.   15

Organisation d'une société mutuelle. — Sécurité résultant de cette organisation pour les sociétaires. — Fonds de garantie. — Fonds de réserve. — Paiement immédiat des sinistres. — Echelle des risques.   18

De l'assurance, considérée sous le rapport de la moralité, sous le rapport de l'application de l'assurance à toutes les espèces de risques, sous le rapport de la garantie et sous le rapport de la contribution aux sinistres. — Comparaison entre l'assurance mutuelle et l'assurance à prime.   22

Économie et bon marché de l'assurance mutuelle contre l'incendie. — Nombreux exemples,   44.

Appel.   52

IMP. DE H. V. DE SURCY ET Cᵉ, RUE DE SÈVRES, 37.

L'assurance est une des conceptions les plus remarquables et les plus heureuses de l'esprit humain, l'expression la plus frappante peut-être des progrès qu'a faits la société dans la voie de l'ordre et de l'économie sociale.

L'homme a été créé pour la société ; c'est à l'homme doué de son instinct social, c'est à l'homme en société que Dieu a donné le domaine de la terre et l'empire sur les éléments et sur les animaux.

L'humanité, ensemble des sociétés, dans tous les temps et dans tous les lieux, a reçu comme l'homme, comme les sociétés, la faculté de se perfectionner, d'avancer dans les voies de la civilisation.

L'homme dans la société est sans cesse en lutte avec ses propres instincts, ou avec l'instinct de ses semblables, ou avec les *éléments*.

Les luttes résultant des intérêts ou des passions, sont du domaine des institutions politiques ou religieuses. C'est aux lois civiles ou religieuses qu'il appartient de corriger, de modérer cet instinct de luttes incessantes.

La lutte avec les *éléments* est du domaine des sciences mathématiques, physiques ; les désordres qu'elle entraîne lorsque la science a été impuissante à les prévenir, peuvent être réparés par des institutions économiques, ou au moins divisés, partagés et rendus ainsi presque insensibles pour celui qui en a été frappé.

On voit d'ici briller de tout son éclat l'institution des *assurances*.

L'*assurance*, en effet, a pour but de faire supporter par la généralité, ou par un grand nombre de personnes, la perte occasionnée par un événement fortuit à la propriété d'une seule d'entre elles.

Comme nous le disions plus haut, le dommage ainsi *divisé* devient presque insensible pour chacun ; et le choc de l'élément indompté, le désastre qu'il a causé sont, pour ainsi dire, annulés.

On pourrait croire que la définition de l'assurance, que nous avons donnée, se rapporterait plutôt à l'assurance *mutuelle* qu'à l'assurance *à prime ;* ce serait une erreur : l'assurance ne peut consister que dans la division, la répartition du dommage· La réparation ne peut se réaliser que par cette division. Il est impossible de réparer autrement les effets d'un naufrage, d'un incendie, d'un orage ; ce qui est détruit est détruit, la seule différence qu'il y ait donc sous ce rapport entre l'assurance à prime et l'assurance mutuelle, c'est que la société mutuelle répartit le montant du dommage entre tous les associés, en prélevant seulement, outre la cotisation proportionnelle, pour la réparation du sinistre, la contribution strictement nécessaire à l'administration de la société ; tandis que la compagnie à prime répartit le montant du dommage entre tous ses assurés, en prélevant une prime qui représente, outre la contribution nécessaire à la réparation et les frais de gestion, les intérêts des mises des actionnaires, les bénéfices de la compagnie et aussi l'excédant indispensable pour que la prime ne reste jamais, d'après les probabilités, au-dessous des cotisations, frais et bénéfices qu'elle remplace et représente.

On aperçoit sur-le-champ la supériorité immense de l'assurance mutuelle sur l'assurance à prime. Celle-là, véritable institution de bienfaisance, telle que doit être toute institution appliquée aux risques, aux désastres, aux fléaux qui désolent les sociétés, ne demande aux assurés qu'un sacrifice égal à la perte éprouvée; celle-ci perçoit en outre un gain, elle s'enrichit d'un bénéfice; elle spécule sur le naufrage, elle escompte l'incendie.

A Dieu ne plaise cependant que nous voulions avilir l'assurance à prime : sous quelque forme qu'elle se soit présentée, l'assurance a été un bienfait, et un immense bienfait.

Le but de l'auteur est seulement de démontrer les avantages incontestables du système de la mutualité appliqué aux assurances, la supériorité de l'assurance mutuelle.

BIENFAITS DE L'ASSURANCE. — RÉSULTATS QU'ELLE A PRO-
DUITS. — IL FAUT S'ASSURER. — C'EST UN DEVOIR.

L'assurance tant à prime que mutuelle couvre, en France, 35 milliards de valeurs.

Les sinistres remboursés par elle, en 1850, se sont élevés en minimum à la somme de 14 millions (1).

Les sinistres réparés depuis la création des sociétés et des compagnies actuelles peuvent être évalués à 263 millions (2), répartis entre 302,941 assurés.

Ce sont donc 296,000 familles qui ont eu à s'applaudir de l'esprit de prévoyance qui les a portées à s'assurer, qui ont eu à bénir l'institution qui les a garanties.

---

(1) Les sinistres de la prime ont été de 11,136 699 fr., les sinistres des sociétés mutuelles, assurant près de 10 milliards, ont dû être d'environ 3,000,000 — Les sinistres des sociétés mutuelles sont proportionnellement moins considérables que ceux des compagnies à prime.

(2) Les sinistres réparés de 1819 à fin de 1850, par les 13 compagnies à prime aujourd'hui en exercice, montent à la somme de 198 millions recueillis par 232,941 familles.

En prenant pour base, d'une part, le rapport entre les sinistres de la mutualité et ceux de la prime, et d'autre part, le rapport entre les valeurs assurées par la mutualité et les valeurs assurées par la prime en 1850, on trouve que la mutualité a dû, depuis son existence, répartir 65 millions d'indemnités, entre 70,000 familles.

Total 263 millions d'indemnités, et 302,941 familles.

D'un autre côté, les cotisations ont été abaissées par les sociétés mutuelles contre l'incendie, ainsi qu'on peut s'en assurer par les exemples que nous citons ci-après, au plus extrême minimum.

En présence de pareils faits et de pareils chiffres, il faut le proclamer hautement, tout propriétaire de meubles ou d'immeubles qui ne profite pas de l'assurance est coupable de la plus grande incurie.

Et cependant, sur les 104 milliards de valeurs immobilières et mobilières de la France, il n'y en a que 35 assurés.

Et outre les quatorze millions que réparent les assurances contre l'incendie, quatorze autres millions, et même plus (1), restent une perte réelle et sèche pour les sinistrés non assurés.

Les salutaires résultats de l'assurance sont de plus en plus appréciés par les diverses classes de la société; elle commence à pénétrer des villes dans les hameaux; à recruter des adeptes dans toutes les professions. Cependant on voit par les chiffres que nous avons cités quelle somme de

---

(1) De 1826 à 1835, la moyenne des sinistres d'incendie, déclarés au ministère du commerce a été, par année, de 13 millions. M. Moreau de Saint-Plaisir, qui rapporte ce chiffre, ajoute que de 1835 à 1846, les pertes ont dû être plus élevées; les sinistres déclarés au ministère et qui ont part à la légère distribution des secours de l'Etat, sont en dehors de ceux réparés par les sociétés et compagnies d'assurances.

biens meubles et immeubles reste encore en dehors de l'assurance. C'est surtout la richesse mobilière de la France qui jusqu'à présent a le plus échappé à la garantie; et l'on déplore profondément sur ce point l'inexplicable insouciance des populations rurales en présence des fréquentes et terribles leçons qu'elles reçoivent de l'expérience. Comment un fermier, un petit propriétaire préfère-t-il s'exposer aux dangers incessants de voir le feu consumer ses meubles, ses récoltes, ses instruments de travail, ses chevaux, ses bestiaux, son troupeau, plutôt que de faire le sacrifice d'une légère cotisation annuelle! quelques francs à payer par an, voilà tout : et, moyennant cette cotisation modique, on est garanti contre la ruine, on est sûr de conserver l'avoir de sa famille de pouvoir remplacer par un autre toit, par un autre abri, l'abri que le feu a détruit.

Les précautions les plus minutieuses ne sauraient être une garantie suffisante contre le danger du feu : il suffit d'un incendie pour jeter dans la gêne et même dans la misère celui qui la veille jouissait d'une fortune honorable, amassée par vingt ans de travail et d'économie. A quels remords ne serait pas exposé celui qui verrait ainsi, sans y avoir pourvu d'avance, le feu dévorer en quelques heures tout son avoir et celui de ses enfants.

Le feu est souvent, dans les campagnes surtout, un moyen de vengeance : par l'incendie on détruit la propriété, les récoltes de l'homme dont on veut se venger ; mais l'assurance, en même temps qu'elle donne à l'assuré la certitude d'être indemnisé, est encore pour lui une garantie contre les criminelles tentatives de la malveillance. Quel intérêt aurait un ennemi à incendier la récolte, la grange, les bestiaux, la ferme de celui qu'il veut plonger dans la ruine, lorsqu'il saurait qu'il se ferait inutilement incendiaire ; que l'assurance viendrait réparer le dommage qu'il aurait causé et faire avorter sa vengeance.

La plaque d'assurance brillant au front d'une ferme, à la façade d'une maison, est donc un véritable talisman conservateur, un préservatif certain, une sauvegarde puissante qui met l'assuré doublement à l'abri et contre la possibilité d'un crime, et contre les suites d'un désastre.

Le marchand, le négociant, le fabricant, l'artisan qui possède un atelier, tous ceux qui pour leur commerce ou pour leur industrie sont obligés de rassembler sur un seul point des marchandises, des machines, des outils, des matières, trouvent dans l'assurance un moyen de sécurité et de réparation tellement complet, tellement infaillible, qu'on ne comprend pas que tous n'y aient pas recours.

Tout homme qui est obligé de faire son existence et celle de sa famille, de préparer son avenir, de se livrer à un travail intelligent, à un commerce, à une industrie, a besoin de cette tranquillité d'esprit, de ce repos qui permet de concentrer toutes ses forces, toute sa capacité sur la tâche entreprise! Qu'on se figure le chef d'une manufacture où l'on emploie des matières pouvant servir d'aliment au feu, d'une filature par exemple, sans cesse tourmenté, harcelé par la crainte qu'un incendie peut le frapper à chaque instant d'une ruine irréparable ; un menuisier, un charpentier dont l'atelier peut être dévoré en un clin d'œil ; un marchand dont les magasins peuvent devenir chaque jour, chaque nuit, la proie des flammes ! s'ils ne sont pas assurés, de combien d'inquiétudes ne seront-ils pas poursuivis ! Si, au contraire, ils sont assurés, plus de préoccupations sur les suites du feu ; la tranquillité d'esprit nécessaire à leur travail renaît aussitôt ; ils prennent toujours les précautions qu'ils doivent contre l'incendie ; mais ils savent que si le fléau les frappe, ses coups seront aussitôt amortis.

Car lorsque le feu a tout détruit, lorsque l'atelier a disparu, lorsque les marchandises ont été réduites en cendres, lorsque l'établissement industriel a été ravagé et des centaines d'ouvriers jetés sur le pavé, l'assurance réparatrice arrive, portant en main une somme égale au dommage : elle reconstruit et remeuble l'atelier ; elle relève et regarnit le magasin ; l'établissement industriel se relève avec ses mécaniques, ses machines, ses outils, ses broches, ses matières premières, plus florissant qu'auparavant ; les ouvriers retrouvent le travail qui les faisait vivre ; l'État lui-même, la généralité des citoyens, le trésor public, la commune, la cité, profitent, puisque des propriétés payant l'impôt sont rebâties, des entreprises industrielles rétablies, puisque des matières premières sont consommées, puisqu'une population de travailleurs est alimentée.

Nous n'avons parlé que des bienfaits de l'assurance *contre l'incendie*. Nous pourrions en dire autant de ceux que peuvent produire l'assurance *contre la gréle* et *contre la mortalité des bestiaux*.

Qu'on suppose l'assurance établie sur toutes les valeurs assurables, les avantages qui en résulteraient seraient incalculables. Bois, vignes, fruits, céréales, prairies, récoltes de toutes natures, meubles, produits et marchandises, instruments de travail, maisons, c'est-à-dire tout ce qui constitue la richesse, l'aisance et le nécessaire d'une nation, n'auraient plus rien à craindre de ces sinistres qui, chaque année, portent la désolation et la ruine sur divers points de la France. Quels que pussent être leurs funestes résultats, l'assurance mutuelle, en répartissant ces sinistres sur tous, les rendrait insensibles pour le petit nombre qu'ils auraient atteints.

Voilà où il en faut venir, voilà où l'on arrivera si l'assurance mutuelle est bien appréciée, car elle seule peut porter le bienfait au comble, et tirer de l'assurance tout ce qu'elle peut produire !

On distingue l'assurance *à prime* et l'assurance *mutuelle*.

L'assurance *à prime* est un contrat par lequel une personne ou une compagnie s'engage, envers une autre personne, moyennant une somme convenue et fixée d'avance, dite *prime*, à la garantir contre l'effet de certains risques déterminés, comme les fortunes de mer, les ravages du feu, etc.

L'assurance *mutuelle* est une association entre propriétaires qui s'obligent à se garantir réciproquement et proportionnellement aux valeurs que chacun soumet à l'assurance, contre les risques éventuels auxquels sont exposées ces valeurs.

Un chapitre sera consacré ci-après à l'organisation des sociétés mutuelles et au contrat qui se forme entre les sociétaires; on y verra les précautions prises pour que la gestion de tous les intérêts ait lieu avec le plus de garantie possible et d'économie, pour que tous les sociétaires soient complétement assurés, et que cependant la contribution à laquelle ils se soumettent ne dépasse jamais un maximum convenu ; pour que les désastres soient immédiatement réparés, etc.

Dans un autre chapitre nous démontrerons la

supériorité de l'assurance mutuelle sur l'assurance à prime, soit sous le rapport de la moralité, soit sous le rapport de l'abaissement du coût de l'assurance, soit sous le rapport de la garantie.

C'est à l'assurance mutuelle que la France doit l'abaissement du coût de l'assurance, il n'y a pas de pays au monde où l'assurance mutuelle soit plus pratiquée; il n'y en a pas non plus où le coût de l'assurance soit inférieur. Et l'influence de la mutualité à cet égard est évidente, elle est palpable. En effet, l'assurance à prime a fait tout ce qu'elle a pu pour maintenir la prime à un taux élevé. En Angleterre, où l'assurance mutuelle contre l'incendie est à peine pratiquée, la moyenne de la prime est de 2 fr. par 1000 fr. (1). En France tant que l'assurance mutuelle n'est pas venue faire concurrence à la prime et la contrarier dans ses opérations, le coût de l'assurance a été aussi maintenu à un prix très-élevé.

La mutualité n'ayant d'abord obtenu l'autorisation d'assurer que les immeubles, l'assurance immobilière profita seule, dans les commencements, du bienfait de cette concurrence ; lorsque l'assurance des meubles et celle des risques locatifs lui ont été permises, elle a fait participer au même abaissement la prime de ces diverses espèces de risques.

---

(1) On y paie *de plus*, des frais considérables de timbre proportionnel.

Aujourd'hui encore, partout où l'assurance mutuelle n'a pas fait sentir ses effets bienfaisants, les compagnies maintiennent leurs prix au taux le plus élevé, en sorte que la prime varie sur les différents points, selon que l'assurance mutuelle y obtient plus ou moins de succès, y est plus ou moins entravée. Que l'on suive les opérations de telle ou telle compagnie, l'on verra que la prime qu'elle perçoit s'abaisse là où elle se trouve en concurrence avec une mutualité prospère, qu'elle s'élève là où la société mutuelle languit. Et cela doit être, car l'assurance à prime est une spéculation. Toute compagnie à prime cherche à tirer, dans l'intérêt de ses actionnaires, le meilleur produit possible de son entreprise.

L'assurance mutuelle n'a donc pas seulement été un bienfait pour les assurés de la mutualité; elle l'a été pour tous les assurés en général; elle tend à ramener l'assurance à son véritable principe, à lui restituer son véritable caractère, à résoudre le problème de la garantie la moins coûteuse et en même temps la plus complète et la plus sûre.

L'assurance se distingue encore par son objet: ainsi l'assurance *maritime* a pour objet les risques et fortunes de mer.

L'assurance *contre l'incendie* a pour objet les pertes que le feu peut occasionner aux édifices, aux meubles, aux marchandises aux récoltes sur pied ou engrangées.

L'assurance *contre la grêle*, garantit les récoltes sur pied, contre les ravages de la grêle ou des ouragans.

L'assurance *contre la mortalité des bestiaux* à pour but la réparation des pertes causées aux bestiaux, aux troupeaux et aux animaux de culture par la mort accidentelle, par les maladies contagieuses et les épizooties.

Il est encore bien d'autres espèces d'assurances, telles que les assurances *sur la vie, contre les chances du recrutement, contre les faillites*, etc; mais elles sortent de notre sujet.

DES DIVERSES ESPÉCES D'ASSURANCES CONTRE L'INCENDIE. — ASSURANCE IMMOBILIÈRE. — ASSURANCE MOBILIÈRE. — ASSURANCE DES RISQUES LOCATIFS. — ASSURANCE CONTRE LE RECOURS DE VOISINS.

Tout le monde comprend sans peine la différence qui existe entre les *meubles* et les *immeubles*.

Les *immeubles*, considérés au point de vue de l'assurance, sont les édifices et constructions diverses en pierre, en bois et autres matériaux, et les objets scellés à perpétuelle demeure aux bâtiments dont ils font partie, comme les glaces, les tableaux faisant corps avec la boiserie, etc.

Les meubles, au point de vue de l'assurance, sont les meubles meublants, les marchandises, les grains coupés, les grains et les fruits engrangés, les récoltes pendantes par racines, les arbres sur pied ou coupés, etc.

L'assurance est dite *mobilière* si elle a pour objet des *meubles ; immobilière* si elle a pour objet des *immeubles*.

L'assurance des *risques locatifs* est celle qui garantit le locataire de la responsabilité si dangereuse et si onéreuse que font peser sur lui les articles 1733 et 1734 du Code civil :

Article 1733. « Le locataire répond de l'in-
« cendie, à moins qu'il ne prouve, que l'incendie
« est arrivé par cas fortuit ou force majeure, ou
« par vice de construction, ou que le feu a été
« communiqué par une maison voisine.

Article 1734. « S'il y a plusieurs locataires,
« tous sont solidairement responsables de l'in-
« cendie, à moins qu'ils ne prouvent que l'in-
« cendie a commencé dans l'habitation de l'un
« d'eux, auquel cas celui-là seul en est tenu ; ou
« que quelques-uns ne prouvent que l'incendie
« n'a pu commencer chez eux, auquel cas ceux-là
« ne sont pas tenus.

Outre la responsabilité, des risques locatifs, le locataire et aussi le propriétaire peuvent encore être tenus des *risques de voisins*. L'article 1382 du Code civil porte que « tout fait quelconque de
« l'homme qui cause à autrui un dommage oblige
« celui par la faute de qui il est arrivé à la ré-
« parer ; » et l'article 1383 ajoute que « chacun
« est responsable du dommage qu'il a causé, non-
« seulement par son fait mais encore par sa né-
« gligence ou par son imprudence. »

Il y a plusieurs sociétés mutuelles qui comprennent dans l'assurance de l'immeuble l'assurance du recours des voisins : Ainsi la société mutuelle immobilière de Lyon assure par 1000 francs de valeurs d'immeubles 250 francs de recours de voisins, sans que ses sociétaires aient à payer pour cet objet aucun surcroît de frais.

Les compagnies à prime, pour asseoir les risques locatifs, multiplient par 15 le montant du loyer; c'est sur 15 fois ce montant du loyer qu'elles perçoivent la prime du risque locatif ; et elles ne s'engagent à la réparation du dommage qui pourrait être mis à la charge du locataire, que jusqu'à concurrence du produit de cette multiplication. Ainsi, si le montant du loyer est de 500 francs, la prime sera payée sur 500 francs multipliés par 15, c'est-à-dire sur 7,500 francs ; et la réparation ne s'élèvera, en aucun cas, au-dessus de cette somme de 7,500 francs.

Ce n'est pas ainsi qu'assurent les sociétés mutuelles : Elles prennent à leur charge le risque *complet*; et cependant, pour cette espèce de risque comme pour tous autres, la cotisation des assurés est toujours restée bien au-dessous de la prime (1) que font payer les compagnies à prime fixe.

---

(1) Un tableau de la moyenne des charges sociales annuelles des assurés de la *Parisienne*, moyenne établie sur une période de 9 années, donne les résultats suivants de la comparaison du coût de l'assurance du risque locatif par la Parisienne, et du coût de cette assurance par les compagnies à prime fixe.

Quant aux risques de voisins, les compagnies font payer jusqu'a 20 centimes par 1,000 francs pour premier risque, c'est-à-dire pour les lieux, le mobilier et les habitations les moins exposés.

------•------

ORGANISATION D'UNE SOCIÉTÉ MUTUELLE. — SÉCURITÉ RÉSUL-
TANT DE CETTE ORGANISATION POUR LES SOCIÉTAIRES.—FONDS
DE GARANTIE. — FONDS DE RÉSERVE. — PAIEMENT IMMÉDIAT
DES SINISTRES. — ÉCHELLE DES RISQUES.

Toute société mutuelle est formée entre les propriétaires qui adhèrent à ses statuts.

Elle est administrée par un *conseil général* un *conseil d'administration* et un *directeur*.

Le *conseil général* se compose des propriétaires qui ont la plus grande somme de valeurs assurées, de ceux par conséquent qui ont le plus grand intérêt à la bonne administration de la société. Il arrête toutes les dispositions réglementaires que peut exiger le bien de l'établissement; il nomme le conseil d'administration; il nomme et peut révoquer le directeur, le caissier et le secrétaire

---

La moyenne de 9 années a été à la Parisienne de 17 à 24 centimes pour les trois premiers risques; les compagnies à prime fixe font payer, pour ces mêmes risques, de 25 à 75 centimes.

Pour les six risques suivants, les sociétaires de la Parisienne ont payé de 31 à 77 centimes; ils auraient payé aux compagnies à prime de 1 fr. 25 à 10 francs.

général; il fixe leurs honoraires et reçoit leur compte.

Le *conseil d'administration* se compose de sociétaires domiciliés dans le lieu d'établissement de la société; il délibère sur toutes les affaires sociales, notamment sur les admissions des propriétés à l'assurance, sur la classification, suivant le tarif, des propriétés assurées ; sur la fixation des dommages à accorder aux sinistrés d'après les expertises; sur les déchéances; sur l'emploi en rentes sur l'État du fonds de réserve, etc. ; il surveille la gestion du directeur et de ses employés ; en cas de malversation , il peut même provisoirement les suspendre et les remplacer dans leurs fonctions.

Le *directeur*, nommé par le conseil général, fournit un cautionnement hypothécaire fixé par les statuts de la société; il ne peut prendre aucune mesure importante sans l'avis du conseil d'administration ; il délivre les polices admises par ce conseil ; il établit le compte de chaque sociétaire ; il fait rentrer les cotisations annuelles ; il délivre, en cas de sinistre, les mandats de paiement autorisés par le conseil d'administration.

Chaque sociétaire n'est tenu qu'à un *maximum de portion contributive* réglé par les statuts, c'est-à-dire que, quelle que soit la somme des sinistres dont serait frappée la masse des sociétaires, ce maximum de contribution pour chacun ne peut être dépassé. Il varie suivant le plus ou moins de risques auxquels sont exposées les propriétés assurées. Quoique modéré et ne dépassant pas en moyenne 1 ou 2 francs pour 1,000 francs des valeurs en risque, il suffit pour répondre de tous les sinistres, étant fixé d'après des calculs de probabilité certains, et les résultats locaux constatés par l'expérience. Ce fonds, dit *de garantie* ou *de secours*. a d'ailleurs l'avantage d'augmenter au fur et à mesure des valeurs assurées, à l'inverse du fonds de garantie des compagnies à prime qui, se composant des mises réalisées ou non des actionnaires, et de quelques fonds de réserve prélevés chaque année par prévoyance, devient d'autant plus disproportionné que les valeurs assurées augmentent, que les opérations de la compagnie s'étendent.

Outre ce fonds de garantie, plusieurs sociétés mutuelles prélèvent une légère cotisation pour *fonds de réserve*. Ce fonds de réserve, qui est plus tard restitué aux sociétaires, est destiné à solder les sinistres *sur-le-champ* et avant que la répartition soit faite entre tous les membres de la société. D'autres sociétés font payer d'avance les cotisations suivant un certain chiffre fixé par les statuts et forment ainsi leur fonds de réserve. D'autres n'ont pas de fonds de réserve, ne font pas verser les cotisations d'avance; mais elles sont dans une situation assez prospère pour que le directeur, autorisé par le conseil d'administration, trouve à emprunter, moyennant un léger intérêt qui entre

dans les charges de l'association, les sommes nécessaires à la réparation immédiate des sinistres sur-
venant.

Nous nous appesantissons sur ce point, parce
que le reproche le plus ordinaire que les agents
de la prime adressent aux sociétés mutuelles, c'est
de ne pas régler les sinistres aussi promptement
que les compagnies à prime.

Il n'est pas une société mutuelle en état prospère qui ne trouvât, de nombreux faits le dé-
montrent, sans la moindre difficulté les moyens
d'opérer sur-le-champ ces réparations ; si donc
les assurés d'une société mutuelle quelconque ont
à se plaindre sous ce rapport, c'est que les bienfaits de la mutualité ne sont pas suffisamment
appréciés dans leur circonscription ; c'est qu'on
ne s'y porte pas avec assez d'entraînement vers
l'assurance mutuelle. Le remède serait donc d'en
faire comprendre les avantages, d'attirer des sociétaires, de faire prospérer la société.

Dans toute société d'assurance, les risques sont
classés de manière à ce que la cotisation puisse
être équitablement répartie : ainsi, une construction totalement bâtie en pierres, étant moins ex-
posée au feu que celle qui est bâtie en bois, devra
être proportionnellement moins imposée à la cotisation que cette dernière ; des meubles meublants
offrent de leur nature moins de risque que les
marchandises ; certaines marchandises sont plus
combustibles que d'autres ; d'autres sont inflam-

mables. Telle habitation est placée à la portée des secours, dans le voisinage de l'eau, près des pompes à incendie ; telle autre est isolée dans la campagne. Ce sont là autant de causes, autant de raisons qui diminuent ou qui augmentent le risque.

Les statuts de chaque société mutuelle comprennent un tableau de classification qui met chaque risque à la place de l'échelle qu'il doit occuper : les moindres sont en tête, aux numéros 1er, 2e, 3e, etc. La cotisation monte suivant que les risques augmentent ; et ainsi il se fait une distribution juste et équitable de toutes les charges sociales, suivant l'importance de chaque propriété assurée et la somme de danger, de risque qu'elle fait courir à la société.

DE L'ASSURANCE, CONSIDÉRÉE SOUS LE RAPPORT DE LA MORALITÉ, SOUS LE RAPPORT DE L'APPLICATION DE L'ASSURANCE A TOUTES LES ESPÈCES DE RISQUES, SOUS LE RAPPORT DE LA GARANTIE ET SOUS LE RAPPORT DE LA CONTRIBUTION AUX SINISTRES. — COMPARAISON ENTRE L'ASSURANCE MUTUELLE ET L'ASSURANCE A PRIME.

Nous présenterons dans les quatre paragraphes suivants des considérations sur l'assurance au point de vue de la *moralité*, au point de vue de *l'application du contrat à toute espèce de risques* ou de son *étendue*, au point de vue de la *garantie*, enfin au point de vue de la *contribution annuelle* ou de la *prime* ; et nous comparerons sous tous ces rapports l'assuranee mutuelle et l'assurance à prime.

§ 1. *De l'assurançe considérée au point de vue de la moralité.*

L'assurance a pour but : la *conservation* de la propriété et la *réparation* du dommage causé à la propriété par les fléaux, par les sinistres contre lesquels la volonté et la prudence humaines ne peuvent offrir aucune garantie.

Mais cette définition de l'assurance, dans laquelle nous avons fait entrer à dessein le mot *conservation*, ne saurait appartenir qu'à l'assurance mutuelle : l'assurance à prime peut réparer, peut indemniser ; mais elle ne peut pas prévenir, elle ne peut pas empêcher ; elle ne peut pas *conserver*. Il faut pour prévenir et empêcher des fléaux tels que l'incendie, tels que la grêle, tels que la mortalité des bestiaux, tels que l'inondation (dans le cas où l'assurance serait appliquée à l'inondation), une puissance d'action, un concours de volonté que peuvent procurer seuls un grand ensemble d'intérêts réunis, une association nombreuse animée d'un même esprit, c'est-à-dire la mutualité.

Appliquons cette idée générale à l'incendie : supposons une société nombreuse, deux, trois, quatre départements, une ville très-populeuse, ainsi que cela se présente déjà si fréquemment sur la surface de la France, engagée dans les

liens protecteurs d'une association mutuelle contre l'incendie, imbue de tous les principes de ce
système d'assurance, se livrant avec confiance à
tous ses développements : que de mesures de sécurité, que d'améliorations ne verrait-on pas naître successivement pour diminuer les risques,
pour alléger les charges de la généralité !

Dans les campagnes, disparaîtraient bientôt
les toits de chaume et l'emploi des autres matériaux les plus combustibles ; partout serait établi
un système de bâtisse le moins dangereux, soit
pour les constructions à l'intérieur, soit pour les
cheminées et leurs tuyaux, soit pour les sépara-
tions de voisinage.

L'eau et tous les moyens d'éteindre le feu seraient placés à la portée des habitations; des
pompes et des compagnies de pompiers seraient
installées dans toutes les communes.

On arriverait en un mot au plus grand résultat
que pourrait produire l'association appliquée aux
efforts de l'homme, à son génie, à sa force, à sa
prudence et à son activité.

Quelque progrès qu'aient fait jusqu'à ce jour
les sociétés d'assurance mutuelle, elles ne sont
pas encore parvenues à réaliser tout ce bien; on
peut même dire, qu'à part de très-rares excep-
tions, l'assurance mutuelle a été jusqu'ici peu
pratiquée au point de vue de la *conservation*.

Cela vient de deux causes principales : la première, c'est que la mutualité appliquée aux assu-

rances est encore peu comprise, peu connue : les assurés de la mutualité, même les plus éclairés, n'y voient que le bénéfice d'une contribution plus légère ; ils se doutent à peine des bienfaits qu'elle peut produire au point de vue de la *conservation*. Or, tant que l'assurance mutuelle ne sera pas répandue dans les masses, tant que l'esprit public ne sera pas convaincu de ses bienfaits, tant que les campagnes et les villes ne comprendront pas les ressources immenses, la puissance, les garanties qu'elle peut offrir, on n'avancera qu'avec peine dans la voie.

La seconde cause se lie intimement à la première : l'ignorance des masses, même de la partie la plus éclairée du public, force, sur presque tous les points, les directeurs et les agents des sociétés mutuelles à combattre incessamment contre les agents de la prime : c'est une lutte acharnée dans laquelle se dévorent une activité et des ressources qui, mieux appliquées, seraient si fructueuses !

Si les populations avaient l'intelligence de l'assurance mutuelle, au lieu de se laisser harceler pour s'y associer, au lieu de se laisser même détourner par l'influence de la prime, elles se livreraient spontanément à la mutualité ; et alors, dégagées de la préoccupation de leur existence, délivrées des dépenses ruineuses d'entretien et de renouvellement des assurances, composées d'une masse nombreuse et compacte de sociétaires éclairés et dévoués, les sociétés mutuelles entreraient dans une voie de progrès nouvelle : après avoir perfectionné le système de *réparation*, elles s'adonneraient à l'étude et à la pratique de la *conservation*; et l'on verrait naître sous ce rapport des institutions aujourd'hui inconnues : l'individu dans sa maison, le conseil municipal dans la commune, le conseil général dans le département, adopteraient à qui mieux mieux les améliorations proposées; l'unanimité d'intérêts et de vues amènerait les changements nécessaires dans la législation ; les moyens de conservation passeraient des mœurs dans les lois, et l'on arriverait ainsi au résultat le plus heureux, et en même temps le plus *moral*; car qu'y a-t-il de plus *moral* que de prévenir, que d'empêcher par la prudence, par la force et par l'association de tous les efforts, l'effet des fléaux destructeurs, et de *conserver* ce qu'ont produit le travail de l'homme, sa patience et son génie.

L'*assurance*, avons-nous dit dans un article déjà ancien (1), *est la providence du commerce et de l'industrie;* nous avons ajouté depuis, *et de la*

---

(1) « Considérée seulement dans ses applications actuelles, le contrat d'assurance est *la providence du commerce de mer*, le plus sûr garant des fortunes de terre, le moyen d'épargne le plus fécond en résultats, le plus grand réparateur des pertes inséparables de toutes les spéculations humaines. » *Journal de l'Assureur et de l'Assuré*, t. 1, p. 7 et 8.

propriété. Mais cela est vrai surtout de l'*Assurance mutuelle* : celle-ci seule vient vraiment en aide à la sollicitude providentielle, à ces lois fondées sur la prudence et les soins incessants qui, contrairement aux lois de la fatalité, protégent et conservent le produit du travail et du génie de l'homme. Ne se bornant pas à réparer le mal après qu'il est arrivé, l'assurance mutuelle engage tous les associés à le prévenir, à l'empêcher, soit par une surveillance active, soit par l'empressement à porter secours ; en un mot, elle intéresse la généralité à la conservation, au salut de ce que chacun possède.

Et ce n'est pas seulement dans son application à l'*incendie* que l'*Assurance mutuelle* peut offrir des ressources sous le rapport de la *conservation* : combien la mortalité des bestiaux ne pourrait-elle pas être diminuée par une bonne police des étables, des crèches, des écuries, par la propagation des moyens de salubrité, par l'établissement des médecins vétérinaires ? etc.

L'inondation, quelque terrible qu'elle se présente à l'esprit, quelque fatale dévastation qu'elle ait jusqu'ici opposée à tous les efforts, n'est pas au-dessus de la puissance humaine : le reboisement des montagnes, la distribution des eaux au sortir des grandes sources en d'innombrables petits ruisseaux, qui en facilitent l'absorption et diminuent l'impétuosité des torrents, la disposition des ponts sur les rivières, l'élévation et l'entretien des berges , sont autant de moyens , dès aujourd'hui connus , de diminuer la force destructive des eaux, et les dégâts des inondations.

La grêle même, ce fléau du ciel, ce produit de l'électricité si voisin de la foudre, a été l'objet de divers essais dans le but d'en diviser et d'en conjurer les coups. Qui pourrait assigner des bornes aux découvertes du génie de l'homme, aux prodiges qu'il peut enfanter, à la force que l'association peut produire pour l'exécution !

Mais si la science n'est pas encore parvenue à trouver les moyens de garantir les moissons contre la grêle, si les projets pour prévenir les inondations sont encore à l'état d'étude, si l'assurance mutuelle contre la mortalité des bestiaux n'a pas pris assez de développement pour que des essais puissent être tentés à l'effet de diminuer cette mortalité, il n'en est pas de même de l'assurance contre l'incendie; ici les moyens sont connus; des sociétés mutuelles nombreuses sont prêtes à se mettre à l'œuvre; qui plus est, le système de *conservation* a déja reçu une application immense, patente, là même où l'association mutuelle contre l'incendie s'est développée avec toute sa force et dans toute son étendue. On sait , en effet, que la ville de Paris est presque tout entière assurée par la société mutuelle immobilière; eh bien, n'est-ce pas à Paris que les règlements sur la bâtisse sont le mieux entendus; que les précautions de police, les plus actives , sont prises contre le feu, que le système de secours est le plus prompt et le mieux établi?

Nous avons vu combien l'assurance mutuelle offre de ressources sous le rapport de la *conservation* : son caractère *moral* apparaît plus évident encore quand on la considère sous le rapport de l'empressement à porter secours, à arrêter le désastre, à étouffer l'incendie.

Le feu prend à une maison assurée par la prime; on se porte au secours des habitants; eux délivrés, on agit encore, mais plus tièdement, parce qu'on se dit : quel que soit le dommage, c'est la compagnie qui paiera; ce ne sera pour elle qu'un sinistre de plus! C'est d'ailleurs une chance qu'elle a courue. Aussi le premier mouvement de celui auquel on annonce qu'une maison brûle, ou a brûlé, est-il de demander si elle était assurée

Eh bien, il y a là un principe mauvais, un sentiment méchant, une idée dangereuse; il y a là de *l'immoralité*.

Au contraire, qu'un village tout entier, par exemple, et les alentours, portent sur chacune de leurs maisons la plaque de l'assurance mutuelle, qu'une de ces maisons brûle, on verra, sur-le-champ, tout le monde accourir, non-seulement pour sauver les personnes, mais même pour sauver l'immeuble auquel le feu a pris. Chacun comprend que c'est comme une propriété commune. Aussi, avec quelle ardeur on travaille, on se dévoue ! On ne se donnera de relâche que tout ce qu'il sera possible d'arracher aux flammes n'y soit arraché.

Eh bien, il y a là un principe excellent, un sentiment parfait, une idée utile et pleine de *moralité*.

On sait combien est fréquent le crime d'incendie ; quelle surveillance il faut dans le choix des risques relativement aux personnes. Nos tribunaux criminels retentissent annuellement du scandale d'incendies volontaires, et nos tribunaux civils de demandes d'indemnités exagérées.

Sous ce rapport encore, quelle supériorité à l'avantage de l'assurance mutuelle ; chaque assuré de la mutualité, étant en même temps assureur, a le plus grand intérêt à surveiller le *personnel* des associés ; à signaler avant l'assurance, avant le sinistre, les personnes suspectes, ou les exagérations de valeur de la chose assurée.

Après le sinistre, tous les renseignements, tous les témoignages, abonderont, soit pour établir le montant réel du dommage, soit pour restituer à la chose sa véritable valeur, soit pour prouver la fraude ou l'incendie volontaire.

On peut donc dire que là où l'assurance mutuelle sera très-répandue, où un grand nombre de voisins seront assurés de la mutualité, aucun d'eux n'osera s'exposer à une déclaration frauduleuse ou à un incendie volontaire ; il risquerait trop : le délit, le crime serait nécessairement découvert.

Sous ce rapport, l'assurance mutuelle offre donc encore l'avantage d'une nouvelle et haute *moralité*.

§ 2. — *De l'assurance mutuelle considérée au point de vue de l'application du contrat à toutes espèces de risques ou de son étendue.*

L'assurance à prime s'est bornée, jusqu'à ce jour, à trois espèces de risques, les risques sur la vie, les risques contre l'incendie, et les risques maritimes. Si elle a tenté quelques essais contre d'autres fléaux ou sinistres, nous ne sachions pas qu'elle ait obtenu aucuns résultats constants ; on peut donc dire que la prime n'assure que contre les risques de mer, contre l'incendie et sur la vie.

L'assurance mutuelle, au contraire, étend sa réparation sur la plupart des fléaux qui viennent affliger la propriété, et contre lesquels la volonté, même la prudence humaine, ne peuvent opposer aucune barrière, présenter aucune garantie : ainsi les ravages de la grêle, la mortalité des bestiaux ont fait un vaste champ à l'assurance mutuelle ; les sociétés d'assurances mutuelles contre la grêle ont même précédé les sociétés d'assurances mutuelles contre l'incendie ; et l'on peut espérer que la mutualité ne bornera pas ses applications à ces espèces de désastres, car il y a dans l'assurance mutuelle une puissance et des ressources infinies.

Dans notre traité de l'assurance contre l'incendie, dont la publication a été commencée en 1848 au *Journal de l'Assureur et de l'Assuré*, nous distinguions, relativement aux chances et aux risques, les événements *purement accidentels* des événements qui semblent soumis à une marche *presque régulière* : « Certains événements, disions-nous, accusent une direction providentielle; ainsi sur une surface donnée, dans un état, dans un grand pays, le nombre des naissances, par rapport à la population est tous les ans à peu près le même, ou bien il croît avec la population dans une proportion connue et définie; il en est de même des lois de la mortalité. Aussi faut-il reconnaître que ces lois, quoique soumises à quelques modifications par suite des influences sociales, du degré de civilisation, ont cependant pour base une volonté, une *raison* divine; la marche de ces événements, les causes qui les produisent portent le cachet d'une logique mystérieuse mais irréfragable; ils présentent dans l'application des règles qu'on peut regarder comme sûres et positives. » L'assurance sur la vie est basée sur ces règles; voilà pourquoi elle est la première dont la prime se soit emparée; cette espèce d'assurance parut au niveau des proportions que la prime pouvait atteindre.

L'incendie n'est jamais l'effet d'une cause *naturelle;* il est toujours le résultat ou d'un accident ou de la malveillance; et même, à part les cas rares où il est occasionné par le feu du ciel, il ne provient que du fait de l'homme. Les incendies sont donc essentiellement des événements *accidentels*, et, par suite, ils offrent un élément beaucoup moins constant et moins sûr aux calculs des probabilités.

« Cependant, disions-nous, encore en l'article sus-indiqué, comme les causes de l'incendie sont toujours à peu près les mêmes; comme la nature humaine, qui change peu ou ne change pas, est la principale base d'appréciation; comme d'un côté se présente toujours l'instinct de la propriété et de la conservation qui porte l'homme à sauvegarder, à soigner sa chose, à la garantir de toute atteinte, et surtout des atteintes du feu, à veiller dans ce but sur tous ceux qui l'entourent; comme, d'un autre côté, la négligence qui produit les accidents, et la mauvaise intention ont aussi leur source dans la nature humaine, et se reproduisent annuellement, de même que le crime et le mal, avec des résultats presque identiques; enfin, comme on opère en distinguant soigneusement les différentes espèces de propriétés, celles qui par leurs matières sont plus combustibles, celles qui par leur agglomération sont plus exposées, on arrive, en entassant un grand nombre d'éléments, en réunissant plusieurs périodes d'années, en tenant compte des manies incendiaires qui de temps en temps et presque périodiquement aussi, semblent s'emparer de l'esprit des hommes, à une moyenne de chances et de risques sur laquelle peuvent être basées les primes des diverses assurances.

« Les risques maritimes aussi, quelque soumis qu'ils paraissent aux caprices des flots, ont leur théorie et leurs règles.

Ainsi ces trois espèces de risques ont pu devenir l'objet de la spéculation.

Mais il n'en a pas été de même des risques, dépendant des causes *purement accidentelles :* ainsi la grêle frappe les moissons sans qu'au moins jusqu'à présent, on ait découvert la loi de ses retours ; ce fléau a un caractère de fatalité qui n'a pu encore être soumis à aucun calcul de probabilité assez certain pour que la prime ait osé en assumer les risques ; il a fallu, pour qu'on l'abordât, toutes les ressources, toute la puissance de l'assurance mutuelle.

C'est que la mutualité est le moyen d'assurance par excellence. Il n'est donc pas de réparation à laquelle la mutualité ne puisse atteindre ; partout, en outre, où elle a lutté avec la prime, elle l'a laissée loin d'elle, soit pour le coût de l'assurance, soit pour la garantie, tandis que, restreinte à un nombre borné de risques, la prime n'a jamais osé la suivre sur un terrain où elle a déjà obtenu les résultats les plus heureux et produit des bienfaits considérables.

Mais, bien plus, si l'on se renferme dans les

risques mêmes de l'assurance à prime, on découvre d'immenses progrès dus à la lutte que l'introduction de l'assurance mutuelle a suscitée; ainsi, sur les points de la France où la prime a longtemps régné seule, les propriétaires d'usines exposées aux risques du feu, les grands industriels, à quelque sacrifice qu'ils se résignassent, ne trouvaient à se faire assurer qu'en restant eux-mêmes leur assureur pour une quote-part considérable; mais dès que la mutualité y a pénétré, les plus grandes usines ont été assurées en totalité, soit par les sociétés mutuelles, soit par les compagnies à primes elles-mêmes, que forçait à s'exécuter cette initiative.

Nous le proclamons donc hautement : les ressources de l'assurance ne peuvent se développer que par la mutualité ; toute la puissance du contrat, toute son efficacité ne résident que dans la mutualité. Déjà on lui a abandonné le champ tout entier des assurances contre la grêle et contre la mortalité des bestiaux ; elle envahit l'assurance contre l'incendie; elle s'introduit dans les risques maritimes; des essais fructueux sont tentés par elle relativement à d'autres espèces d'assurance, aux risques mêmes dépendant des transactions commerciales, ce que l'imagination la plus audacieuse avait à peine osé prévoir. Elle seule, d'ailleurs, ainsi que nous le démontrerons dans le paragraphe suivant, offre de véritables garanties. À l'assurance mutuelle appartient donc l'avenir !

Quoi qu'on fasse, les dénigrements passionnés, les mensonges intéressés, ne prévaudront pas contre elle !

§ 3 *De l'assurance mutuelle considérée sous le rapport de la garantie.*

Nous avons jusqu'ici comparé l'assurance mutuelle à l'assurance à prime sous le rapport de la moralité et sous le rapport de l'application du contrat à toutes espèces de risques ; nous envisagerons l'assurance, dans ce paragraphe, sous le rapport de la garantie, et dans le paragraphe suivant, sous le rapport de la cotisation ou prime, ou de la contribution aux sinistres.

Ici la supériorité de l'assurance mutuelle devient tellement patente, qu'elle éclate aux yeux les plus prévenus.

Toute la démonstration, en effet, consiste dans un chiffre, dans une somme, dans un total, total toujours égal, sinon à la perte que le désastre produira, quelque forte qu'elle puisse être, au moins à la masse complète des risques contre lesquels la société et les sociétaires ont voulu se prémunir.

Car, dans la plupart des sociétés mutuelles, des bornes ont été posées au maximum de contribution auquel s'engage chaque assuré. Mais ce maximum a été calculé de manière à offrir une garantie supérieure à la somme des sinistres que les probabilités les plus désastreuses peuvent faire prévoir.

Ainsi, dans l'assurance mutuelle garantie, grande, puissante, d'autant plus vaste, que le nombre des associés s'accroît, que les valeurs assurées sont plus considérables, dans la contribution à laquelle chaque assuré s'est engagé.

Dans l'assurance à prime, au contraire, plus les opérations de la compagnie s'étendent, plus il y a de disproportion entre le chiffre. caution de ses engagements, et les risques ou les sinistres possibles.

Le fonds de garantie des sociétés d'assurance à prime se divise ordinairement en trois parties : la première, et la plus faible (versement effectif sur les actions, qui est ordinairement d'un cinquième du capital nominal), est versée en numéraire dans la caisse de la compagnie pour subvenir aux besoins courants; une autre partie, réserve de quelques milliers de francs prélevée annuellement sur les bénéfices, est placée en rentes sur l'État; enfin, la troisième, la plus considérable, le surplus du capital nominal des actions, demeure entre les mains des actionnaires, qui s'engagent seulement à la fournir en cas d'insuffisance des deux premières.

Dans tous les cas, jamais la garantie des compagnies à prime ne s'élève au delà des actions souscrites; leurs statuts sont unanimes sur ce point :

*« La compagnie ne répond des sinistres éprouvés
« par les assurés que jusqu'à concurrence du capital
« social; tout appel de fonds excédant est formelle-
« ment interdit. »*

Fixant sa haute pensée, d'une part, sur les chances si incertaines de l'incendie; d'autre part, sur la somme infinie de risques que peut sous-crire une compagnie, le grand Cuvier, le premier génie des temps modernes, l'appréciateur le plus sûr en pareille matière, s'effrayait, en 1818, dans un rapport au conseil d'État, de la distance qui existe entre le capital de chaque compagnie et les risques qu'il peut être appelé à couvrir : « Quand on compare, écrivait-il, la modicité « d'un pareil capital à l'étendue de l'entreprise, « une disproportion aussi choquante paraît in-« compréhensible. »

Aussi, à combien de précautions, de combi-naisons, d'études n'ont pas recours les compa-gnies à prime pour diminuer, par l'art, par la science de l'assureur, les dangers, les chances mauvaises.

Ces précautions, cet art. cette étude, ces combinaisons ne sont pas non plus négligés par les sociétés mutuelles, surtout lorsqu'un grand développement de l'assurance ne les met pas à même de diviser à l'infini la contribution aux sinistres.

Mais lorsqu'une société mutuelle prospère, lorsqu'elle a ses allures libres dans une grande circonscription, elle peut impunément affronter tous les dangers de l'incendie.

Que l'on compare les allures timides, les précautions craintives de l'assurance à prime, qui évite les risques d'immeubles voisins ou même trop rapprochés, qui morcelle, autant qu'elle le peut, l'assurance des grands édifices, qui recule devant l'assurance des fabriques et des usines, avec cette hardiesse impétueuse, avec cette confiance audacieuse de l'assurance mutuelle qui, dans Paris (1), prend à ses risques un *bloc* de maisons d'une valeur de près de trois milliards; qui, sur toute la surface de la France, assure, *par spécialité* (2) les fabriques et les usines.

A ce signe seul on reconnaît la véritable assurance : dans le paragraphe précédent, en parlant de la multiplicité des espèces de risques auxquels s'est déjà appliquée l'assurance mutuelle, comparativement à ceux qu'a tentés l'assurance à prime, nous disions que sous le rapport de la *moralité*, la mutualité était le moyen d'assurance par excellence; la même supériorité résulte de la *garantie* qu'elle procure à l'assuré!...

---

(1) La mutuelle immobilière, de Paris, assurait près de trois milliards : la dépréciation des immeubles, occasionnée par la révolution de février, a fait baisser le chiffre de ses valeurs assurées.

(2) La *Clémentine*, de Rouen.

§ 4. *Comparaison entre l'assurance mutuelle et l'assurance à prime, relativement à la cotisation ou à la prime.*

Ici encore nous n'aurons rien à démontrer : il nous suffira, comme dans le paragraphe qui précède, de présenter des faits et des chiffres.

Dans les départements, soit que les bienfaits que l'assurance mutuelle avait répandus dans Paris dès l'origine, et les admirables résultats qu'elle avait produits fussent restés ignorés, soit que l'on crût que la mutualité ne pouvait s'appliquer qu'à de grandes agglomérations, la prime a eu longtemps le monopole de l'assurance ; la province presque tout entière était donc abandonnée à l'exploitation de la prime. Dans ce temps-là, là prime la moins élevée, celle imposée pour les risques les moins dangereux, était de 1 franc pour 1,000 francs des valeurs assurées : la première apparition de l'assurance mutuelle fit baisser instantanément la cotisation pour les immeubles à 50, à 35 centimes, à 20 centimes ; elle est de 6 centimes à Paris, frais d'administration et cotisation de sinistre compris.

La Messine, société d'assurance de la ville de Metz, a fait payer à ses assurés, pour les trente années de la première période de son existence, 2 fr. 5 c. seulement par 1,000 fr. de valeurs assurées, pour tous frais d'administration et indemnités de sinistres, soit, moins de 7 c. par an.

La société mutuelle de Versailles couvre ses sinistres et ses frais annuels avec les intérêts de son fonds de prévoyance, de sorte qu'après leur quote-part de fonds versés, les sociétaires n'ont plus ni prime, ni cotisation à payer.

À Paris, ainsi que nous l'avons vu plus haut, la cotisation, pour l'assurance des immeubles, n'est que de 6 centimes.

Partout, si l'assurance mutuelle n'était contrariée par les agents de la prime, si le public était éclairé, si sa supériorité était comprise, si elle réunissait une grande masse d'adhérents, elle se signalerait par les mêmes bienfaits.

Il y a, dit-on, en France 104 milliards de valeurs assurables contre l'incendie, immobilières et mobilières (1), sans compter les risques de

---

(1) Dans l'exposé des motifs d'un décret présenté à l'assemblée nationale en 1848, et tendant à faire rentrer dans le domaine de l'état les assurances contre l'incendie, M. Duclerc, alors ministres des finances, fixait ainsi les valeurs assurables de la France :

« 7 millions de constructions valant....	37,000,000,000
« Mobilier personnel comprenant les meubles meublants, et certains objets mobiliers à l'usage des personnes.................	20,000,000,000
« Produits agricoles.................	5,000,000,000
« Bétail..........................	2,000,000,000
« Valeurs industrielles et commerciales (matières premières, mobiliers industriels et marchandises de toute espèce) 8 milliards, quintuplés par le changement de mains...	40,000,000,000
Total.....	104,000,000,000

voisins et les risques locatifs : de 1 franc, taux inférieur à la moyenne des primes de première
classe, autrefois exigées par les compagnies à
prime partout où l'assurance mutuelle n'avait
pas pénétré, les sociétés que nous venons de citer
ont réduit la contribution des assurés, de 20 à 6
centimes, suivant que les circonscriptions des
sociétés s'étendent à plusieurs départements ou
qu'elles se renferment dans les villes, moyenne:
13 centimes ; c'est-à-dire que, si l'assurance mutuelle était observée, et si les sociétés d'assurances
mutuelles parvenaient au développement déjà ac-
quis par plusieurs d'entr'elles, les valeurs mobilières et immobilières de toute la France pour-
raient être assurées pour *six millions et demi*, au
lieu de *cent quatre millions*, c'est-à-dire que la
généralité des propriétaires, en France, aurait
gagné ou aurait à gagner *annuellement quatre-
vingt-dix sept millions et demi* au développement
de l'assurance mutuelle.

Les mêmes résultats seraient obtenus par l'assurance mutuelle contre les ravages de la grêle
et par l'assurance mutuelle contre la mortalité des
bestiaux, si on les pratiquait sur une grande
échelle, si tous les cultivateurs allaient au-devant
de ces institutions si utiles.

Depuis quelques années, cependant, le système
de la mutualité est l'objet de poursuites achar-
nées ; l'esprit d'intrigue et de dénigrement n'a
rien épargné pour lui nuire ; on dénature les

faits, on profite de ce que les obstacles qu'on a fait naître ont empêché le succès brillant de quelques sociétés; on accumule les mensonges, et l'on répand à profusion sur les lieux où la mutualité éprouve les difficultés les plus grandes, où la lutte entre les deux systèmes est la plus vive, des libelles arrangés par quelques vils folliculaires desquels on se sert sans oser l'avouer.

Pour nous, avec quelque ardeur que nous ayons embrassé la défense de la mutualité appliquée aux assurances, nous ne descendrons jamais au dénigrement, au mensonge et à la calomnie. Nous sommes les premiers à reconnaître qu'en l'absence des sociétés mutuelles, et lors même que la prime était la plus élevée, l'assurance à prime a produit des résultats immenses : les progrès qu'a faits la science de l'assureur, les précautions prises pour diminuer les risques ont rendu moins sensible le défaut de sécurité, la disproportion entre le fonds de garantie et les risques, que Cuvier reprochait à ce genre d'assurance; mais jamais il n'atteindra le haut degré de garantie qu'offre l'assurance mutuelle; jamais il ne procurera aux assurés une administration aussi peu dispendieuse; jamais la *prime* n'arrivera au chiffre minime qu'a déjà atteint la *cotisation;* jamais surtout les compagnies ne se plieront à toutes les formes qu'a revêtues, à toutes les exigences auxquelles s'est sans peine pliée l'assurance mutuelle : les raisons de ces différences nous les avons données; notre démonstration a surtout consisté dans des faits. Ces faits sont parlants, ces raisons sont palpables. Nous répéterons donc avec confiance ce que nous avons dit plusieurs fois, qu'en éclairant l'esprit public on complétera le triomphe de l'assurance mutuelle; qu'à l'assurance mutuelle appartient l'avenir.

———•◦•———

ÉCONOMIE ET BON MARCHÉ DE L'ASSURANCE MUTUELLE CONTRE L'INCENDIE. — NOMBREUX EXEMPLES.

Partout où l'assurance mutuelle a pu se développer sur une grande échelle, elle a obtenu des résultats tels que l'on peut dire que les dernières limites de l'économie ou du bon marché ont été atteintes par elle.

Avant de passer à la démonstration de ce fait, par les résultats qu'a produits la mutualité appliquée aux assurances, nous le démontrerons par une simple comparaison entre le système mutuel et le système de la prime.

Supposons deux milliards de valeurs engagés dans une société mutuelle (1); si les portions con-

---

(1) Nous empruntons cette comparaison à l'excellente *Introduction aux assurances*, de M. Prugneaux, directeur de *la Fraternelle*, société d'assurance mutuelle mobilière contre l'in

tributives pour la réparation des sinistres s'élèvent
annuellement à. . . . . 200,000 fr.
Et les frais d'administration à . . 200,000

Les sociétaires de la mutalité au-
ront à payer, somme toute . . . . . 400,000 fr.

Les assurés de la prime devront
fournir avant tout les intérêts ou di-
videndes, soit 5 pour 0/0, d'un capi-
tal social de 10 millions (1). . . . . 500,000 fr.
Plus, la réparation des sinistres ,
comme dans la mutualité 200,000
Plus, les frais d'administration. . 200,000

Total . . . . . . 900,000 fr.

Les assurés de la prime auront donc

---

cendie, de Paris. M. Prugneaux porte avec raison à la charge
des assurés de la prime des augmentations sur les sinistres et
sur les frais d'aministration, les sinistres et les frais d'administration de la prime étant supérieurs à ceux des sociétés mutuelles; mais pour rester au-dessous des limites du vrai nous
avons négligé ces différences.

(1) Les opérations de toutes les compagnies à prime fixe, de
Paris, ont produit depuis 1820 jusqu'à 1838 un bénéfice
moyen pour les actionnaires de 9 p. 0/0, l'intérêt des capitaux
engagés en dedans. En poussant les calculs jusqu'en 1847, il est
de 6 p. 0/0 seulement réparti entre soixante mille actions environ. (Extrait d'une pétition adressée à l'Assemblée nationale en
1848.)

ainsi à supporter chaque année, de plus que ceux de la mutualité, sur deux milliards d'assurance (1), une charge de. 500,000

Mais les faits font ressortir bien plus encore les différences à l'avantage des sociétés mutuelles.

Ainsi la plus ancienne des sociétés, la *Mutuelle immobilière de Paris*, ne perçoit, frais d'administration et cotisations de sinistres compris, que *six centimes* par mille francs de valeurs assurées. — Le comité des sociétaires, dans son rapport au Conseil général du 7 mai 1851, s'exprime ainsi : « Indépendamment de la réduction à six centimes, de la cotisation, depuis quatre ans, le taux de la répartition des sinistres survenus dans le quatrième exercice (depuis la première période trentenaire expirée) ne diffère pas de celui des années précédentes, puisqu'il ne s'élève, en moyenne, qu'à 0 fr. 01,797 par mille francs, ou 1 fr. 797 millièmes par 100,000 fr. d'assurances.

On lit dans un rapport manuscrit, fait le

---

(1) Nous avons porté un capital nominal de dix millions pour deux milliards d'assurances, c'est peu comme garantie; cependant il y a des compagnies qui en ont un moindre, il en est d'autres aussi qui en ont un plus considérable; mais parmi plusieurs de celles qui en ont un moindre, les bénéfices annuels sont supérieurs à 5 p. 0/0; nous croyons donc avoir établi dans notre hypothèse des données et une proportion parfaitement acceptables.

15 mars 1850 à la *Messine*, société mutuelle immobilière de Metz : « L'assurance mutuelle de Metz a garanti les trois quarts des bâtiments existants dans la ville, moyennant l'insignifiante répartition de 2 fr. 05 c. par 1,000 fr. de valeurs assurées, pour tous frais d'administration et indemnités de sinistres *durant trente années ;* et, pour les dix dernières années, les mêmes dépenses ne se sont élevées qu'à *deux centimes par mille fr. et par an.* »

Des résultats de même nature ont été obtenus par la société immobilière de Versailles.

Le compte rendu de la société d'assurances mutuelles immobilières de Lyon, du 13 novembre 1849, constate que le prix net pour *trente ans* et par mille francs de valeurs assurées à la première classe, a été de 5 fr. 54 cent., moins de 19 centimes par an. A Lyon, pendant les mêmes *trente années*, malgré la diminution énorme dont l'établissement de la société mutuelle de Lyon avait frappé la prime, le prix des mêmes assurances, faites par les compagnies a été de 13 fr. 15 c., plus de 43 centimes par an ; et encore, l'assurance mutuelle comprend, par 1,000 francs de valeurs assurées, 250 francs de recours de voisins, pour lesquels les compagnies font payer une prime particulière.

La *Fraternelle*, société d'assurances mutuelles pour Paris, *intra muros*, assure les meubles et les risques locatifs et de voisins. Pendant la première période d'existence de dix années, **les** cotisations pour les sinistres ont été, en première classe, de 10 centimes 357 millièmes par 1,000 fr., c'est-à-dire que, frais d'administration et cotisation compris, les sociétaires de la *Fraternelle* n'ont eu, chaque année, à payer, que 35 centimes 357 millièmes par 1,000 francs de valeurs de première classe assurées. Pendant le même temps les compagnies à prime fixe percevaient 75 cent. pour les mêmes objets ; et, lorsque les meubles et marchandises de toutes classes, depuis la première jusqu'à la dixième, ne payaient, par 1,000 francs de valeurs assurées, à *la Fraternelle*, que de 35 centimes 357 à 1 fr. 28 centimes 570, les mêmes classes assurées par les compagnies à prime fixe payaient de 75 centimes à 10 francs.

La *Parisienne*, qui assure les meubles et marchandises dans Paris avec la *Fraternelle*, a obtenu des résultats semblables.

Les différences sont encore bien plus fortes, à Paris, relativement à l'assurance des immeubles.

La *Normandie*, société mutuelle de Rouen, répondant à une attaque dirigée contre elle par une compagnie à prime, établissait, en mai dernier, la comparaison entre ses cotisations et les primes de la *Compagnie générale*; poursuivant cette compagnie dans tous les départements où *la Normandie* assure elle-même, et selon les tarifs différents de *la Générale* (car les compagnies à prime maintiennent leur tarif plus ou moins élevé, selon qu'elles ont plus ou moins à redouter la concurrence de la mutualité), *la Normandie* présentait un tableau duquel il résulte que les différences en sa faveur deviennent de plus en plus fortes, à mesure que l'on monte dans l'échelle des risques. Or, relativement à un risque moyen, (3ᵉ classe, 1ᵉʳ risque), en prenant pour base la cotisation de 1851, plus forte cependant que les précédentes, un sociétaire qui aurait assuré 10,000 francs de valeurs de ce risque, pendant dix ans, à *la Normandie*, aurait payé pour frais d'assurance, cotisation et adminis-

tration . . . . 80 fr. 00 c.

    Pour frais d'agence à l'entrée. .   7   20

    Et pour frais de perception (fa-cultatifs pour le sociétaire).   4   36

          Total maximum . . . 91 fr. 56 c.

    Pendant le même temps, il aurait payé à la *compagnie générale*. . . . 400   00

        Différence . . . . 308 fr. 44 c.

Lorsque la société mutuelle entre fabricants, immobilière et mobilière, *la Clémentine*, s'est établie en 1843, les compagnies à prime fixe prenaient 12, 15 et 20 francs par 1,000 francs, pour des fabriques garanties aujourd'hui à la cotisation de 4 et 5 francs, par *la Clémentine*. La moyenne des cotisations pendant les sept premières années d'existence de *la Clémentine*, présente, dans les 147 désignations différentes d'usines ou d'industries, 85 au-dessous de 1 franc et descendant jusqu'à 15 centimes; 36 de 1 à 2 francs; 16 de 2 à 3 francs; 8 de 3 à 4 francs; 1 de 4 à 5 francs, et 1 de 9 francs 23 centimes ; total égal, 147.

La *société immobilière de Poitiers* a fixé sa cotisation pour 1851, y compris contribution aux sinistres, frais de direction et 1 centime de fonds de prévoyance, à 30 centimes par 1,000 francs.

La cotisation de *la même, mobilière*, était de 40 centimes, y compris les mêmes frais de direction, et 3 centimes de fonds de prévoyance.

Les assurés de *l'ancienne mutuelle immobilière de la Seine-Inférieure et de l'Eure*, ont payé année moyenne et taux moyen, pour toutes les classes, en cotisation et frais, 59 centimes par an pendant les trente premières années d'existence de la société.

Le même taux moyen de *la même, mobilière*, a été de 66 centimes, pendant ses huit premières années.

La moyenne, 1re classe, de la contribution aux sinistres et frais de la société immobilière du Bas-Rhin, du 18 février 1820 au 17 février 1850, n'a pas monté à 44 centimes.

La cotisation 1850 de la société immobilière de Chateauroux, toutes classes réunies, frais compris et même 14 centimes pour le fonds de prévoyance, a été de 58 centimes par 1,000 francs de valeurs assurées.

La Société *immobilière de Melun* a fixé sa cotisation, pour 1851, tous frais compris, 1er risque à 48 centimes; 2e risque à 50 centimes 40; 3e risque à 52 centimes 08; 4e risque à 55 centimes 20; 5e risque à 96 centimes.

La moyenne des sept dernières années de cette société a été, tous frais compris, de 37 centimes 64 par 1,000 francs de valeurs assurées, hors toutefois les droits de timbre.

M. le directeur de la société mutuelle de Valence a réuni dans un tableau 500.000 francs de valeurs assurées, *de toutes classes* et selon les proportions ordinaires à chaque classe; il a porté en regard des chiffres de chaque classe la cotisation et frais que perçoit la société de la Valence et la prime que perçoivent, pour les mêmes classes et pour la même quantité de valeurs, les compagnies; il a additionné les frais et charges correspondant aux 500,000 francs assurés par la mutuelle, et les primes correspondant aux 500,000 fr. assurés par les compagnies à prime; la colonne des cotisations et frais de la mutuelle donne. . . . . 424 fr. 00 c.

La colonne des primes donne . . 1,068   50

Différence en faveur de la mutuelle sur les compagnies à prime, pour 500,000 fr. d'assurances de toutes classes . . . . 644 fr. 50 c.

Nous avons tenu à donner des exemples des

cotisations de toute espèce de sociétés : sociétés immobilières et sociétés mobilières, des sociétés dont les opérations s'étendent sur plusieurs départements, comme de celles qui sont circonscrites dans une seule ville. On peut affirmer que si la mutualité n'avait pas à combattre la puissante influence de la prime ; si, les populations, comprenant les avantages immenses que peut leur procurer l'assurance mutuelle, se portaient spontanément vers la mutualité, elle réaliserait partout les prodiges qu'elle a opérés là où elle a été comprise.

———••◦•• ◦◦◦◦•• —

APPEL.

Nous vous avons parlé dans ce petit livre de choses avec lesquelles nos lecteurs étaient peu familiarisés ; notre but a été de leur faire connaître les bienfaits de l'assurance et quel est le mode ou le système d'assurance qu'ils doivent choisir.

Tous les renseignements que nous avons donnés, nous les avons puisés aux sources les plus authentiques. Nous n'avons pas omis ceux qui sont moins favorables à l'assurance mutuelle, pour ne citer que les plus favorables. Nous avons la conscience de n'avoir rien exagéré.

Tous ceux qui se trouvent dans la circonscription d'une société mutuelle en état prospère, n'auront aucune peine à croire aux prodiges que nous avons signalés, à l'abaissement fabuleux de la cotisation et des charges sociales, à la promptitude avec laquelle les sinistres sont remboursés. Ceux qui font partie d'une société entravée dans ses mouvements, harcelée par les agents de la prime, dont les opérations sont languissantes, et qui n'a pu encore réunir un chiffre d'adhésion assez formidable pour braver tous les obstacles et faire jouir ses sociétaires de tous les bienfaits de la mutualité, ceux-là hésiteront peut-être.

Et bien qu'ils réfléchissent, qu'ils examinent ! Les faits sont là, qui prouvent tout ce que peut accomplir l'assurance mutuelle.

Beaucoup d'assurés, au lieu de se livrer franchement à la mutualité, se laissent allécher par des promesses trompeuses et aller à la défiance qu'on sème devant eux. Engagés dans une société mutuelle, garantis contre le fléau le plus menaçant, tout prêts à aller demander la réparation du sinistre s'il venait à les atteindre, ils mettent une négligence impardonnable à payer leur cotisation : il faut leur écrire, les poursuivre quelquefois pour l'obtenir. Eh bien ! voilà ce qui tue l'assurance dans les campagnes surtout, où les relations sont si difficiles, où les avertissements sont si coûteux.

Voulez-vous l'assurance à bon marché ? allez à la mutualité, conduisez-y vos amis, publiez-en les avantages, faites-vous le défenseur, le prôneur de l'assurance mutuelle.

Que vos adhésions soient de la plus grande durée possible ; il en coûte toujours de renouveler un contrat. Au lieu d'épier le moment de rompre le lien qui vous attache à votre société, profitez plutôt de ce que, faute d'avertissement à un temps donné, votre engagement doit se renouveler pour une seconde, pour une troisième période. La longue durée du contrat est un bienfait pour l'assuré ; il ne risque pas d'être surpris par l'oubli du renouvellement.

Enseignez à tous les avantages, publiez les heureux résultats de l'assurance mutuelle. Mettre, au moyen de la cotisation la plus légère possible, la fortune privée à l'abri des désastres résultant de l'indifférence ou de l'imprévoyance, est pour tous un devoir. L'assurance concourt puissamment au développement de la fortune publique ; elle facilite les moyens de crédit au commerce et à l'industrie. L'assurance mutuelle est le meilleur mode d'assurance, c'est le plus économique, c'est le plus moral, c'est le plus sûr.

Que la propagande se fasse donc sur tous les points, sans relâche, sur la plus grande échelle ; chacun y est personnellement intéressé, puisqu'en développant la mutualité il se procure les moyens de se faire assurer au plus bas prix possible. En outre l'intérêt général le commande, et la propagande est un devoir, surtout pour ceux-là qui, par leur position, ont quelqu'influence sur leurs concitoyens.

L'assurance mutuelle est née des inspirations de la charité chrétienne. En 1779, Alexandre-Angélique de Talleyrand Périgord, archevêque de Reims, institua la première caisse de secours mutuels contre les ravages du feu ; cette caisse existe encore aujourd'hui pour le département de la Marne, sous le titre de *Bureau central des incendiés* ; elle s'alimente au moyen de quêtes et collectes ; les incendiés des paroisses qui n'ont pas contribué sont exclus des secours. Les sociétés d'assurance mutuelle n'ont fait depuis qu'étendre et régulariser le système de secours mutuels si heureusement institué par l'illustre archevêque de Reims ; et nous pourrions citer des lettres pastorales, écrites par des évêques de nos jours, pour engager les fidèles à placer, sous la sauvegarde réparatrice de la mutualité, le toit et l'abri de leur famille, leurs meubles et leurs moissons, le fruit de leur travail et de leurs économies (1).

Mais, ainsi que nous l'avons dit plusieurs fois dans ce livre, la mutualité appliquée aux assurances ne porte ses fruits que quand elle envahit tout un territoire, quand tous les habitants d'une ville,

---

(1) En 1820 notamment, un mandement très-remarquable de l'évêque de Nancy recommandait aux fidèles de ce diocèse une société d'assurance mutuelle contre la grêle qui venait d'y être fondée. Le prélat, s'appuyant sur les saintes écritures, dit que la prévoyance est un devoir, et qu'elle ne peut être mieux pratiquée que par la mutualité, véritable application de la charité chrétienne.

d'un département, d'une grande circonscription s'y portent avec ardeur, avec intelligence, avec ensemble.

Formez une masse compacte de sociétaires, et aussitôt brillera l'assurance mutuelle avec tous ses miraculeux résultats.

Voyez Paris: au commencement de l'année 1851, *vingt-trois mille sept cent soixante-trois maisons*, valant plus de *deux milliards deux cent quatre-vingt dix-sept millions* (1) y étaient assurées, cotisation, frais d'administration tout compris, pour *six centimes par mille francs*, c'est-à-dire pour *six cent-millièmes de leur valeur.*

Voyez Metz : dans les dix dernières années, 1840 à 1850, *la Messine,* société mutuelle, qui garantit les trois quarts des bâtiments de la ville, n'a prélevé pour indemnité annuelle, de sinistres et frais d'administration, que *deux centimes* par mille francs de valeurs assurées.

Voulez-vous un exemple tiré de l'assurance mutuelle, sortant de l'enceinte d'une ville et s'étendant à plusieurs départements; prenez la société immobilière de Poitiers, qui assure les départements de la Vienne, des Deux-Sèvres, de la Vendée, de la Charente, de la Charente-Inférieure. Elle a fixé sa cotisation pour 1851, savoir : contribution aux sinistres, frais de direction et cen-

---

(1) *Ces* valeurs monteraient à près de *trois milliards* si la Révolution de Février n'avait déprécié tous les immeubles.

...imes de fonds de prévoyance, tout compris, à *trente centimes pour mille francs.*

Voulez-vous comparer les résultats de l'assurance mutuelle avec ceux de l'assurance à prime, vous aurez trente années d'assurance d'immeubles de première classe, à Lyon, ayant coûté à la prime 13 fr. 15 cent., soit par an *quarante-trois centimes*, à l'assurance mutuelle 5 fr. 54 cent., soit par an *dix-neuf centimes*.

Un premier risque de 3e classe, valeur 10,000 fr., assuré par la *Normandie*, de Rouen, pendant dix ans, y compris tous les frais et accessoires possibles, pour *quatre-vingt onze francs cinquante-six centimes*, aurait payé pour le même temps, à la compagnie générale à prime, *quatre cents fr.*; car plus on monte dans l'échelle des risques, plus les différences sont grandes en faveur de l'assurance mutuelle.

Les autres sociétés de Rouen (*l'ancienne mutualité, la Rouennaise*), la société de Seine-et-Marne, celle de la Marne, la société de Strasbourg, celle de Mulhouse, celle de Valence, celle de Clermont, celle de Caen, la Bretagne (de Nantes), etc., etc., donnent, à la comparaison, des résultats semblables.

Nous avons dit ci-dessus, p. 65, les différences bien plus notables encore qui existent entre la prime des compagnies et les cotisations annuelles de la *Clémentine*, société d'assurance mutuelle des fabriques ou établissements industriels.

Si nous passons à l'assurance des meubles,
nous trouvons la *Fraternelle*, de Paris, assurant
pendant dix ans les meubles de première classe
au prix moyen de trente-six centimes par mille fr.,
même moins; tandis que, dans la même période,
les compagnies à prime prenaient 75 centimes.

La société *mobilière* de Poitiers, qui s'étend,
comme nous l'avons dit, à cinq départements, a
fixé sa cotisation pour 1850 à *quarante centimes*
par mille francs de valeurs assurées.

On retrouve les mêmes résultats dans les assurances de la mutuelle mobilière du Mans. En un
mot, toutes les sociétés mutuelles mobilières, la
Parisienne, la mobilière de Caen, etc., etc., de
même que les sociétés immobilières, laissent bien
loin derrière elles la prime en fait d'économie et
de bon marché de l'assurance.

Il faudrait donc être aveugle et sourd pour
douter un seul instant des services immenses
qu'ont rendus et que peuvent rendre encore les
sociétés d'assurance mutuelle.

Si l'assurance mutuelle, avons-nous dit, était
florissante sur tous les points, on verrait s'accomplir, dans nos villes et dans nos campagnes, toutes
les améliorations qui préviennent ou qui éteignent
l'incendie. L'emploi du chaume et des matériaux
combustibles disparaîtrait dans la construction
de nos habitations; l'eau et tous les moyens de
secours seraient placés à la portée des plus petites
agglomérations d'habitants.

La cotisation, déjà si réduite, diminuerait encore, chacun se prêtant à rendre facile l'administration de la société; il n'y aurait plus que de longs contrats sans renouvellements coûteux; les cotisations, gage d'une garantie si sûre et si peu coûteuse, se paieraient sans le moindre embarras; toutes les difficultés disparaîtraient, et le problème d'arriver au moins de frais possibles, à la plus grande somme de garantie, serait bien vite résolu.

Que tous se mettent donc à l'œuvre! Que l'assurance mutuelle soit expliquée, soit prônée, soit prêchée partout, dans la petite comme dans la grande ville, dans les villages et jusqu'aux moindre hameaux.

Qu'elle s'organise sur tous les points; que les assurés se présentent en masse bien compacte aux agents des sociétés; qu'en tout lieu où il y a une maison, un mobilier, une récolte à sauver, on voie briller la plaque de l'assurance mutuelle.

Et qu'on ne se borne pas à propager l'assurance mutuelle *contre l'incendie*, qu'on encourage, qu'on développe également sur tous les points l'assurance mutuelle *contre la grêle* et l'assurance mutuelle *contre la mortalité des bestiaux.*

« Le jour où une vaste association sera organisée pour protéger les produits agricoles contre tous les désastres qui les ravagent périodiquement, les propriétaires, dit M. Moreau de Saint-Plaisir, dans une brochure sur les assurances, pleine des aperçus les plus élevés, pourront imposer à leurs fermiers et colons l'obligation de faire assurer leurs récoltes contre la grêle, leurs bestiaux contre la mortalité et leurs produits agricoles contre l'incendie. Cette clause serait insérée dans les baux, comme on le fait pour les bâtiments.

« La position économique du paysan en serait notablement améliorée. Le cultivateur pourrait compter sur la valeur des produits de la terre, et le propriétaire sur le paiement des fermages. Alors seulement le crédit agricole pourrait être fondé, et, par suite, le crédit foncier. Alors aussi, les capitaux afflueraient avec abondance vers les campagnes ; nos landes stériles se défricheraient ; nos races d'animaux se perfectionneraient ; et l'industrie manufacturière, solidaire de l'agriculture, trouverait dans le bien-être de 24 millions de cultivateurs un marché permanent pour l'écoulement de ses produits. »

Il y a là, comme on le voit, une grande et noble mission à remplir, une mission digne des hommes éclairés, des grands propriétaires de nos campagnes, des administrateurs, des maires des communes, des pasteurs des paroisses.

Nous y convions tous les véritables amis de leur pays, tous les partisans de la saine morale, de l'esprit d'économie, du bien-être des masses, et de la propriété. L'assurance mutuelle universelle serait la réalisation d'un des plus grands progrès de la civilisation, d'une des plus fécondes applications de la charité chrétienne !

Journal de l'Assureur et de l'Assuré,
spécialement consacré à *l'assurance mutuelle.* — Assurance terrestre et maritime, contre la grêle, contre la mortalité des bestiaux, sur la vie, etc. — Statistique, économie politique, droit commercial, doctrine et jurisprudence, — Par M. Le Hir, docteur en droit, avocat à la cour d'appel de Paris, juge de paix suppléant du XIe arrondissement.

Le Journal de l'Assureur et de l'Assuré paraît depuis le commencement de l'année 1848 ; un volume in-octavo, grand raisin, par année. Il contient, outre les articles de statistique et d'économie, un traité de l'assurance contre l'incendie, et un traité de l'assurance maritime. Une grande partie du Journal est consacrée à la jurisprudence, qui est rapportée avec le plus grand soin et de la manière la plus complète.

Le prix de chaque volume de la collection est de 6 francs pour tous ceux qui prennent la collection entière et qui s'abonnent à l'année courante. — Le prix de l'année courante (un numéro chaque mois) est de 12 francs franc de port, pour toute la France et de 15 francs pour l'étranger.

———

Toute lettre ou demande, relative à l'administration, doit être adressée à M. Lozach, directeur du Journal, boulevart des Italiens, n° 27.